While every precaution has been taken i
the publisher assumes no responsibility
damages resulting from the use of the information.

JENSEITS DER GRENZEN, BAND 2: FLUCHT UND NEUANFANG

First edition. August 11, 2024.

Copyright © 2024 LucieArt.

ISBN: 979-8227025159

Written by LucieArt.

Inhaltsverzeichnis

Prolog... 1
Kapitel 1: Auf der Suche nach Neuem 2
Kapitel 2: Ein neuer Weg 6
Kapitel 3: Die Herausforderung................................. 12
Kapitel 4: Das neue Projekt....................................... 16
Kapitel 5: Die Rückkehr 20
Kapitel 6: Der Neuanfang.. 23
Kapitel 7: Neue Herausforderungen 26
Kapitel 8: Der große Schritt...................................... 31
Kapitel 9: Die Konflikte 36
Kapitel 10: Die Erfolge und Rückschläge 40
Kapitel 11: Der große Schritt nach vorne 43
Kapitel 12: Ein neuer Anfang..................................... 46
Epilog: Der Weg zur Veränderung............................. 49

Jenseits der Grenzen - Der Weg zur Freiheit

---ೲ---

Band 2: Flucht und Neuanfang

von LucieArt

Inhalt

Prolog
Kapitel 1: Auf der Suche nach Neuem
Kapitel 2: Ein neuer Weg
Kapitel 3: Die Herausforderung
Kapitel 4: Das neue Projekt
Kapitel 5: Die Rückkehr
Kapitel 6: Der Neuanfang
Kapitel 7: Neue Herausforderungen
Kapitel 8: Der große Schritt
Kapitel 9: Die Konflikte
Kapitel 10: Die Erfolge und Rückschläge
Kapitel 11: Der große Schritt nach vorne
Kapitel 12: Ein neuer Anfang
Epilog: Der Weg zur Veränderung

Als Lena in der neuen Stadt ankam, wurde sie von der Anonymität der Umgebung erfasst. Die Menschen hier waren fremd, die Sprache schwer verständlich, und die Kultur unterschied sich erheblich von der, die sie kannte. Doch genau das machte den Reiz dieses Abenteuers aus. Es war eine Chance, in eine neue Welt einzutauchen und ihre eigenen Grenzen zu testen.

Lena mietete ein kleines Apartment in einem ruhigen Viertel der Stadt. Die Wohnung war einfach, aber gemütlich. Der erste Schritt, sich hier einzuleben, war die Erledigung bürokratischer Aufgaben wie die Anmeldung bei den örtlichen Behörden und die Suche nach einem Sprachkurs. Diese Herausforderungen schienen zunächst überwältigend, doch Lena war fest entschlossen, sich ihnen zu stellen.

Die Suche nach Orientierung

Die ersten Wochen verbrachte Lena damit, die Stadt zu erkunden und sich an das neue Leben zu gewöhnen. Die tägliche Routine bestand aus Sprachkursen, Besuchen in der Stadtbibliothek und Spaziergängen durch die Umgebung. Die anfänglichen Schwierigkeiten, sich an die neue Sprache und die kulturellen Unterschiede zu gewöhnen, machten ihr zu schaffen, aber sie nahm jede Herausforderung als Gelegenheit, zu wachsen.

Lena besuchte lokale Märkte und Cafés, um die Atmosphäre der Stadt aufzusaugen und neue Kontakte zu knüpfen. Sie traf Menschen aus verschiedenen Lebensbereichen und erlebte, wie unterschiedlich das Leben in dieser neuen Umgebung sein konnte. Diese Begegnungen eröffneten ihr neue Perspektiven und halfen ihr, sich besser in die Gesellschaft einzufügen.

Ein Neuanfang im Café

Eines Tages, während einer ihrer Erkundungsausflüge, stieß Lena erneut auf ein kleines Café, das sie sofort faszinierte. Die Besitzerin, eine freundliche Frau mittleren Alters, begrüßte sie herzlich und begann ein Gespräch. Die beiden verstanden sich auf Anhieb und Lena erzählte von ihrem Wunsch, sich eine Auszeit zu nehmen und neue Erfahrungen zu

Kapitel 1: Auf der Suche nach Neuem

Ein Abschied auf Zeit

Der Abschied von der Stadt, die sie durch viele Höhen und Tiefen begleitet hatte, war emotional. Lena verabschiedete sich von ihrem Team bei „Zukunft gestalten", das von ihrer Entscheidung überrascht und besorgt war. Doch ihre Entschlossenheit, sich eine Auszeit zu nehmen und einen Neuanfang zu wagen, war unerschütterlich. „Ich werde zurückkommen, sobald ich wieder zu Kräften gekommen bin", versprach sie ihnen. Von Martin hatte sie sich bereits vor sechs Monaten getrennt, da sie sich in unterschiedliche Richtungen weiterentwickelt hatten. Die Trennung war schmerzhaft für beide gewesen, jedoch hatten beide eingesehen, dass sie auf unterschiedlichen Wegen getrennt voneinander auf Dauer glücklicher sein würden.

In den letzten Tagen vor ihrer Abreise schlich sich ein Gefühl der Nervosität in ihre Vorfreude. Die Vorstellung, ihre vertrauten Gesichter und die Arbeit, die ihr so viel bedeutete, hinter sich zu lassen, war überwältigend. Doch Lena wusste, dass es wichtig war, sich selbst die Zeit zu geben, die sie benötigte, um wieder vollständig in ihre Mission einzutauchen.

Ankunft in einem neuen Land

Prolog

Der goldene Schein der untergehenden Sonne tauchte die Stadt in ein warmes Licht, als Lena durch die Straßen ging, die ihr so vertraut geworden waren. Die letzten Monate hatten sie geprägt, die Arbeit bei „Zukunft gestalten" war erfüllend gewesen, doch die ständige Anspannung und die Vielzahl der Herausforderungen hatten ihren Tribut gefordert. Trotz des Erfolgs der Bildungszentren und der vielen Frauen, die durch ihre Arbeit Hoffnung geschöpft hatten, fühlte Lena sich ausgebrannt und erschöpft.

Die Träume, die sie anfangs so klar vor Augen hatte, schienen im Licht der täglichen Verpflichtungen und der immer größer werdenden Verantwortung zu verblassen. Lena wusste, dass sie einen neuen Weg finden musste, um wieder zu sich selbst zu finden und ihre Leidenschaft für ihre Arbeit neu zu entfachen. Es war nicht nur ein Neuanfang für die Frauen, die sie unterstützte, sondern auch für sie selbst. Die Last der Verantwortung drückte schwer auf ihr Herz, und sie erkannte, dass sie die Balance zwischen ihrem beruflichen Engagement und ihrer persönlichen Erfüllung wiederfinden musste.

In einem tiefen Gespräch mit einer engen Vertrauten entschied Lena, dass sie vorübergehend ihre vertraute Umgebung verlassen und sich selbst eine Pause gönnen musste. Sie würde in ein anderes Land reisen, um Abstand zu gewinnen, neue Perspektiven zu gewinnen und sich selbst wiederzufinden. Der Entschluss, ihre Umgebung zu verlassen, war nicht leicht, aber er war notwendig für ihren inneren Frieden und ihre Fähigkeit, weiterhin anderen zu helfen.

sammeln.

Die Besitzerin, die den Wunsch nach Veränderung nachvollziehen konnte, bot Lena eine Aushilfsstelle in ihrem Café an. Diese Gelegenheit kam Lena gelegen. Die Arbeit im Café ermöglichte es ihr, sich mit der lokalen Kultur auseinanderzusetzen und gleichzeitig ein wenig Geld zu verdienen. Außerdem bot das Café eine entspannte Umgebung, in der sie sich über ihre eigenen Gedanken und Gefühle klar werden konnte und sie erinnerte sich an ihre anfänglichen Erfahrungen aus dem früheren Café, in dem sie gearbeitet hatte.

Reflexion und Erneuerung

Mit der Zeit fand Lena mehr und mehr Gefallen an ihrer neuen Umgebung und der einfachen, aber erfüllenden Arbeit im Café. Die Begegnungen mit den Stammgästen und die Gespräche mit der Café-Besitzerin halfen ihr, ihre Gedanken zu sortieren und neue Inspiration zu finden. Lena begann, sich regelmäßig Zeit für Reflexion zu nehmen, um über ihre Ziele und Wünsche nachzudenken.

Die Arbeit im Café gab ihr nicht nur finanzielle Sicherheit, sondern auch eine neue Perspektive auf die Dinge. Sie erkannte, dass die Pausen, die sie sich gönnte, ebenso wichtig waren wie die harten Arbeitstage. Lena begann zu verstehen, dass der Neuanfang nicht nur eine physische Veränderung, sondern auch eine geistige und emotionale Reise war.

Wachstum und Erkenntnis

Je länger Lena in der neuen Stadt war, desto klarer wurde ihr, was sie wirklich suchte. Die Distanz zu ihrer früheren Umgebung erlaubte es ihr, ihre Arbeit und ihre Entscheidungen aus einem neuen Blickwinkel zu betrachten. Sie erkannte, wie wichtig es war, sich selbst in den Mittelpunkt zu stellen, um langfristig erfolgreich zu sein.

Mit jedem Tag wuchs ihr Verständnis für sich selbst und ihre Bedürfnisse. Lena begann, ihre eigenen Grenzen zu erkennen und sich auf das zu konzentrieren, was ihr wirklich wichtig war. Diese Phase der Selbstfindung war entscheidend für ihr persönliches Wachstum und die Klarheit, die sie benötigte, um in ihre berufliche Zukunft zurückzukehren.

Kapitel 2: Ein neuer Weg

Die ersten Wochen im Café

Lena fand sich schnell in ihren neuen Arbeitsalltag im Café ein. Die anfängliche Nervosität, die sie bei ihrem ersten Arbeitstag gespürt hatte, ließ nach, und sie begann, die Arbeit als Gelegenheit zur Entspannung und zum Austausch mit den Gästen zu sehen. Ihre Aufgaben reichten von der Bedienung der Kunden bis zur Zubereitung von Getränken und kleinen Snacks. Es war eine einfache Arbeit, aber genau das brauchte sie, um sich von den stressigen Monaten zuvor zu erholen.

Das Café war ein beliebter Treffpunkt für die Menschen in der Nachbarschaft. Lena lernte bald die Stammgäste kennen, die regelmäßig vorbeikamen, um ihren Kaffee oder Tee zu genießen. Die Gespräche, die sie mit ihnen führte, waren oft einfach und unverfänglich, aber sie gaben ihr ein Gefühl der Zugehörigkeit und halfen ihr, sich in der neuen Umgebung besser einzuleben.

Der Alltag im Café

Die ersten Wochen vergingen schnell. Lena fand sich in der Routine des Cafés gut zurecht. Die Arbeitszeiten waren angenehm, und sie konnte sich auf die verschiedenen Aufgaben konzentrieren, die ihr übertragen wurden. Das Café bot auch eine Gelegenheit zum Networking. Immer wieder traf sie interessante Menschen, die ihr Einblicke in die lokale Kultur und Geschäftswelt gaben.

Eine besondere Bekanntschaft machte Lena mit Tom, einem regelmäßigen Gast, der im Café eine kleine Ecke für seine geschäftlichen Besprechungen nutzte. Tom war ein erfolgreicher Unternehmer und zeigte sich interessiert an Lenas Geschichte. Die beiden kamen ins Gespräch, und Tom wurde schnell zu einer wichtigen Bezugsperson für Lena. Er bot ihr an, sie in die Geschäftswelt einzuführen und ihr bei der Orientierung in ihrer neuen Stadt zu helfen.

Die Herausforderung der Sprache

Die Sprachbarriere war immer noch eine Herausforderung für Lena, obwohl sie große Fortschritte gemacht hatte. In den Gesprächen mit den Gästen und Kollegen stolperte sie gelegentlich über neue Ausdrücke oder Redewendungen, die ihr schwer verständlich waren. Tom half ihr, indem er ihr Tipps und Ratschläge gab, wie sie sich in verschiedenen sozialen und beruflichen Situationen besser ausdrücken konnte.

Tom organisierte auch eine Einführung in die lokale Geschäftswelt für Lena. Er führte sie zu Netzwerktreffen und sozialen Veranstaltungen, bei denen sie andere Unternehmer und Fachleute kennenlernte. Diese Begegnungen waren wertvoll, da sie ihr halfen, die kulturellen Feinheiten besser zu verstehen und sich sicherer in der neuen Umgebung zu bewegen.

Erste Rückschläge

Nicht alles verlief reibungslos. Lena musste lernen, mit Rückschlägen und Herausforderungen umzugehen. Besonders in der Anfangszeit kam es gelegentlich zu Missverständnissen mit den Kunden und Kollegen, die ihre Geduld und ihr Durchhaltevermögen auf die

Probe stellten. Einige Tage waren besonders schwierig, und Lena fühlte sich manchmal überwältigt von der Vielzahl an Aufgaben und den unterschiedlichen Erwartungen.

In diesen Momenten fand Lena Trost in den Gesprächen mit Tom und ihren neuen Freunden aus dem Café. Ihre Unterstützung half ihr, sich wieder zu motivieren und neue Perspektiven zu gewinnen. Sie lernte, dass Rückschläge Teil des Prozesses waren und dass es wichtig war, aus ihnen zu lernen und sich nicht entmutigen zu lassen.

Der Entschluss zur Weiterbildung

Durch ihre Erfahrungen im Café und ihre Gespräche mit Tom und anderen erfolgreichen Menschen begann Lena, über ihre eigene berufliche Entwicklung nachzudenken. Sie erkannte, dass sie sich nicht nur in der neuen Stadt einleben wollte, sondern auch ihre Fähigkeiten und Kenntnisse erweitern musste, um ihre langfristigen Ziele zu erreichen.

Lena begann, sich über Weiterbildungsmöglichkeiten zu informieren, die ihr helfen könnten, ihre beruflichen Ziele zu verwirklichen. Sie entdeckte ein Programm zur Führungskräfteentwicklung, das speziell für Frauen in der non-profit Branche konzipiert war. Dieses Programm versprach, ihre Führungsfähigkeiten zu stärken und ihr wertvolle Einblicke in die Welt der sozialen Projekte zu geben.

Die Anmeldung zum Programm

Die Anmeldung zum Führungskräfteentwicklungsprogramm war ein wichtiger Schritt für Lena. Sie musste ihre Bewerbungsunterlagen zusammenstellen und ein Motivationsschreiben verfassen, in dem sie ihre Ziele und ihre Motivation darlegte. Der Prozess war intensiv, aber Lena war fest entschlossen, diese Chance zu nutzen, um sich weiterzuentwickeln.

Nachdem sie ihre Bewerbung abgeschickt hatte, wartete Lena gespannt auf die Antwort. Die Unsicherheit über die mögliche Aufnahme in das Programm machte sie nervös, aber gleichzeitig war sie optimistisch, dass diese Weiterbildung ihr die nötigen Werkzeuge an die Hand geben würde, um ihre Visionen in die Tat umzusetzen.

Neue Kontakte und Inspiration

Während Lena auf eine Rückmeldung von dem Weiterbildungsteam wartete, setzte sie ihre Arbeit im Café fort und knüpfte weiterhin neue Kontakte. Die Gespräche mit verschiedenen Menschen eröffneten ihr immer neue Perspektiven und Ideen. Lena fand es inspirierend, von den Erfahrungen und Erfolgen anderer zu hören, und diese Geschichten motivierten sie, weiterhin hart für ihre eigenen Ziele zu arbeiten.

Besonders beeindruckt war Lena von einem Gespräch mit einer Unternehmerin, die ein erfolgreiches Start-up gegründet hatte, das sich auf nachhaltige Geschäftspraktiken konzentrierte. Die Unternehmerin erzählte von den Herausforderungen, die sie überwinden musste, und den innovativen Lösungen, die sie gefunden hatte. Dieses Gespräch inspirierte Lena dazu, über nachhaltige Ansätze für ihr eigenes Projekt nachzudenken und mögliche Wege zur Verbesserung ihrer Arbeit zu erkunden.

Erste Erfolge im Café

Im Café begannen sich die Dinge zu stabilisieren. Lena hatte sich gut eingearbeitet und die Kunden und Kollegen schätzten ihre engagierte und freundliche Art. Die Arbeit wurde immer routinierter, und Lena fand sich zunehmend in ihrem neuen Umfeld zurecht. Die positiven Rückmeldungen der Gäste und das Lob von Tom gaben ihr das Gefühl, dass sie auf dem richtigen Weg war.

Die regelmäßige Arbeit im Café half Lena nicht nur, sich in der neuen Stadt zu integrieren, sondern bot ihr auch die Gelegenheit, ihre Kommunikationsfähigkeiten weiterzuentwickeln und ein besseres Verständnis für die lokale Kultur zu gewinnen. Diese Erfahrungen waren wertvoll für ihre persönliche und berufliche Weiterentwicklung.

Kapitel 3: Die Herausforderung

Der Sprachkurs

Lena wusste, dass ihre Sprachkenntnisse noch Raum für Verbesserungen hatten, insbesondere wenn es darum ging, sich in geschäftlichen oder formellen Situationen sicher zu fühlen. Der Sprachkurs, den sie während ihrer ersten Wochen in der Stadt begonnen hatte, war intensiv und fordernd, aber auch äußerst hilfreich. Die Lehrerin war geduldig und konnte Lena bei der Feinheit der Sprache und den kulturellen Nuancen unterstützen.

Die regelmäßigen Hausaufgaben und Übungen halfen Lena, ihre Sprachfähigkeiten zu verbessern und sich sicherer in der neuen Umgebung zu bewegen. Besonders die praktische Anwendung der Sprache im Café und in den sozialen Begegnungen trug dazu bei, dass Lena immer besser wurde. Sie nahm an Diskussionen teil, hielt kleine Reden und übte, ihre Gedanken klar und präzise auszudrücken.

Die Mentorin

Durch ihre Teilnahme am Führungskräfteentwicklungsprogramm hatte Lena die Gelegenheit, eine Mentorin zu treffen, die sie bei ihrem beruflichen Wachstum unterstützte. Die Mentorin war eine erfahrene Führungskraft im sozialen Sektor und hatte viele Jahre in verschiedenen non-profit Organisationen gearbeitet. Ihre Einsichten und Erfahrungen waren für Lena von unschätzbarem Wert.

Die Mentorin half Lena nicht nur bei der beruflichen Orientierung, sondern bot auch emotionale Unterstützung und praktische Ratschläge für den Umgang mit den Herausforderungen des Berufslebens. Die regelmäßigen Treffen mit ihr wurden zu einem wichtigen Bestandteil von Lenas Routine und halfen ihr, sich auf ihre Ziele zu konzentrieren und ihre Pläne zu verfeinern.

Die Netzwerktreffen

Lena nahm an verschiedenen Netzwerktreffen und Veranstaltungen teil, die ihr halfen, ihre beruflichen Kontakte auszubauen und sich mit anderen Fachleuten auszutauschen. Diese Veranstaltungen boten ihr die Möglichkeit, neue Kontakte zu knüpfen und von den Erfahrungen anderer zu lernen. Lena fand es besonders hilfreich, sich mit anderen Frauen aus der non-profit Branche zu vernetzen, die ähnliche Herausforderungen und Ziele hatten.

Die Netzwerktreffen eröffneten Lena auch neue Möglichkeiten für ihre berufliche Weiterentwicklung. Sie lernte von den erfolgreichen Projekten anderer und fand Inspiration für ihre eigenen Ideen. Die Kontakte, die sie knüpfte, erwiesen sich als wertvoll, als sie später versuchte, ihr eigenes Projekt auszubauen.

Die Planung des neuen Projekts

Mit den neu gewonnenen Erkenntnissen und der Unterstützung ihrer Mentorin begann Lena, die Planung für ihr neues Projekt voranzutreiben. Das Programm, das sie entwickeln wollte, sollte Frauen in schwierigen Lebenssituationen unterstützen und ihnen helfen, sich ein neues Leben aufzubauen. Lena arbeitete an einem detaillierten

Konzept, das die Struktur des Programms, die benötigten Ressourcen und die Ziele umreißen sollte.

Die Planung des Projekts war eine anspruchsvolle Aufgabe. Lena musste sicherstellen, dass das Programm sowohl finanziell tragfähig als auch effektiv war. Sie recherchierte verschiedene Ansätze und Modelle, die in ähnlichen Projekten erfolgreich waren, und passte diese an die Bedürfnisse ihrer Zielgruppe an.

Die Finanzierung

Die Finanzierung des Projekts war eine der größten Herausforderungen. Lena begann, sich über verschiedene Möglichkeiten zur Mittelbeschaffung zu informieren. Sie erkundigte sich nach Stiftungen und Förderprogrammen, die sich auf die Unterstützung von sozialen Projekten konzentrierten, und stellte Anträge, um finanzielle Unterstützung zu erhalten.

Zusätzlich suchte Lena nach lokalen Sponsoren und Unternehmen, die bereit waren, ihr Projekt zu unterstützen. Sie organisierte Präsentationen und Pitch-Events, um potenzielle Geldgeber von der Wichtigkeit und dem Nutzen ihres Programms zu überzeugen. Die ersten Rückmeldungen waren ermutigend, und Lena erhielt Zusagen von mehreren Unterstützern, die bereit waren, das Projekt finanziell zu fördern.

Die ersten Rückmeldungen

Nachdem Lena ihr Projekt gestartet hatte, erhielt sie die ersten Rückmeldungen von den Teilnehmerinnen. Die Resonanz war überwältigend positiv, und die Frauen, die an den Workshops und Mentoring-Sitzungen teilnahmen, zeigten sich dankbar für die Unterstützung, die sie erhielten. Die Rückmeldungen halfen Lena, das Programm weiter zu verfeinern und sicherzustellen, dass es den Bedürfnissen der Teilnehmerinnen gerecht wurde.

Die ersten Erfolge des Projekts motivierten Lena, weiterhin hart für ihre Ziele zu arbeiten. Sie spürte, dass sie auf dem richtigen Weg war und dass ihre Arbeit einen positiven Einfluss auf das Leben anderer Frauen hatte. Diese Erkenntnis gab ihr die Kraft und die Energie, die sie brauchte, um die nächsten Schritte in ihrem beruflichen und persönlichen Leben zu gehen.

Kapitel 4: Das neue Projekt

Die Implementierung

Mit der erfolgreichen Finanzierung und der positiven Resonanz von den Teilnehmerinnen begann Lena, ihr Projekt weiter auszubauen. Die Implementierung des Programms lief reibungslos, und die ersten Workshops und Mentoring-Sitzungen wurden erfolgreich durchgeführt. Lena stellte fest, dass die Frauen, die an dem Programm teilnahmen, von der Unterstützung und den Ressourcen, die ihnen zur Verfügung standen, profitierten.

Um sicherzustellen, dass das Programm kontinuierlich verbessert wurde, sammelte Lena regelmäßig Feedback von den Teilnehmerinnen. Sie organisierte Umfragen und führte Gespräche, um herauszufinden, welche Aspekte des Programms gut funktionierten und welche Bereiche verbessert werden konnten. Diese Rückmeldungen halfen Lena, das Programm weiter zu optimieren und an die Bedürfnisse der Frauen anzupassen.

Die Erweiterung des Programms

Nach den ersten erfolgreichen Monaten entschloss sich Lena, das Programm auf weitere Städte auszuweiten. Die Nachfrage nach den angebotenen Unterstützungsdiensten war groß, und viele Frauen aus anderen Regionen zeigten Interesse an dem Programm. Lena begann, Partnerschaften mit lokalen Organisationen und gemeinnützigen Einrichtungen in den neuen Städten zu etablieren.

Die Expansion des Programms war eine anspruchsvolle Aufgabe, da Lena sicherstellen musste, dass die Qualität der Unterstützung in allen neuen Standorten auf dem gleichen hohen Niveau blieb. Sie rekrutierte und schulte neue Mitarbeiter und Mentorinnen, die in den neuen Städten arbeiten würden, und entwickelte Schulungsprogramme, um sicherzustellen, dass alle Beteiligten die gleichen Standards einhielten.

Die Erfolge und Herausforderungen

Die Expansion brachte sowohl Erfolge als auch Herausforderungen mit sich. In den neuen Städten erhielt das Programm überwiegend positive Rückmeldungen, und die Teilnehmerinnen waren dankbar für die Unterstützung, die ihnen geboten wurde. Lena war stolz auf die Fortschritte, die das Programm gemacht hatte, und freute sich über die positiven Auswirkungen auf das Leben der Frauen.

Jedoch gab es auch Herausforderungen, insbesondere im Hinblick auf die Anpassung des Programms an die lokalen Gegebenheiten und Bedürfnisse. Lena musste sicherstellen, dass die Programme in den neuen Städten den spezifischen Anforderungen der dort ansässigen Frauen gerecht wurden. Diese Herausforderung erforderte eine enge Zusammenarbeit mit lokalen Partnern und eine kontinuierliche Anpassung der Programme.

Der Einfluss auf Lena

Die Arbeit an dem neuen Projekt hatte einen tiefgreifenden Einfluss auf Lena. Sie fand große persönliche Erfüllung in der Unterstützung der Frauen und erlebte, wie ihr Engagement dazu beitrug, dass andere Frauen ihre Lebenssituation verbessern konnten. Lena fühlte sich durch die positiven Rückmeldungen und die Fortschritte, die das Programm machte, motiviert und bestärkt.

Trotz der Herausforderungen, die sie bei der Expansion und der kontinuierlichen Verbesserung des Programms erlebte, blieb Lena fokussiert auf ihre Ziele und ihre Vision. Sie erkannte, dass ihre Arbeit eine bedeutende Wirkung hatte und dass sie auf dem richtigen Weg war, um ihre langfristigen Ziele zu erreichen.

Die nächste Phase

Mit dem Erfolg des Programms in mehreren Städten begann Lena, über die nächste Phase ihrer beruflichen Entwicklung nachzudenken. Sie überlegte, wie sie ihre Arbeit weiter ausbauen und neue Projekte initiieren konnte. Lena wusste, dass es wichtig war, sich kontinuierlich weiterzuentwickeln und neue Ideen zu verfolgen, um einen noch größeren Einfluss auf die Gesellschaft zu haben.

Sie plante, neue Partnerschaften zu entwickeln und innovative Ansätze zu erkunden, um die Unterstützung für Frauen weiter zu verbessern. Lena war fest entschlossen, ihre Visionen weiterzuverfolgen und ihre Arbeit auf die nächste Stufe zu heben.

Kapitel 5: Die Rückkehr

Vorbereitungen für die Rückkehr

Nach Monaten intensiver Arbeit und erfolgreicher Expansion des Programms begann Lena, sich auf ihre Rückkehr in ihre alte Heimat vorzubereiten. Die Entscheidung, zurückzukehren, war nicht leicht gefallen, aber Lena wusste, dass es an der Zeit war, einen neuen Schritt in ihrer beruflichen und persönlichen Reise zu machen. Sie freute sich darauf, ihre Erfahrungen und ihr Wissen in ihre alte Heimat einzubringen und neue Möglichkeiten zu erkunden.

Die Vorbereitungen für die Rückkehr waren umfangreich. Lena musste ihre laufenden Projekte in der neuen Stadt abschließen und sicherstellen, dass alle Aspekte des Programms gut organisiert waren. Sie koordinierte die Übergabe ihrer Aufgaben und sorgte dafür, dass alles reibungslos weiterlief, während sie sich auf ihre nächste Phase vorbereitete.

Das Abschiedsfest
Lena veranstaltete ein Abschiedsfest, um sich von ihren Freunden, Kollegen und Unterstützern zu verabschieden. Es war eine herzliche und emotionale Veranstaltung, bei der sie die Gelegenheit hatte, ihre Dankbarkeit für die Unterstützung auszudrücken, die sie während ihrer Zeit in der neuen Stadt erhalten hatte. Die Gespräche und Erinnerungen, die an diesem Abend geteilt wurden, waren für Lena von großer Bedeutung und halfen ihr, sich von der neuen Umgebung zu verabschieden.
Die Rückkehr in die alte Heimat
Die Rückkehr in ihre alte Heimat war ein aufregender Moment für Lena. Sie fühlte sich aufgeregt und neugierig, wie sich die Dinge in der Zeit entwickelt hatten, in der sie weg gewesen war. Die Rückkehr bot ihr die Möglichkeit, ihre Projekte und Ideen in einem neuen Kontext zu betrachten und neue Wege zu finden, um ihre Arbeit fortzusetzen.
Lena besuchte alte Freunde und Kollegen und erkundigte sich nach den aktuellen Entwicklungen bei „Zukunft gestalten". Die Gespräche mit ihren ehemaligen Kollegen waren aufschlussreich, und sie erhielt wertvolle Informationen darüber, wie sich die Organisation entwickelt hatte und welche Herausforderungen es in der Zwischenzeit gegeben hatte.

Neue Herausforderungen
Bei ihrer Rückkehr stieß Lena auf einige neue Herausforderungen. Die Veränderungen in der Organisation und die Entwicklungen in ihrer alten Heimat erforderten eine Anpassung ihrer Pläne und Strategien. Lena musste sich auf neue Gegebenheiten einstellen und sicherstellen, dass ihre Ideen und Projekte den aktuellen Anforderungen und Bedürfnissen entsprachen.
Sie begann, sich intensiv mit den neuen Herausforderungen auseinanderzusetzen und entwickelte einen Plan, um ihre Arbeit bei

„Zukunft gestalten" weiterzuführen. Lena wusste, dass es wichtig war, flexibel zu bleiben und sich an die sich verändernden Bedingungen anzupassen, um weiterhin einen positiven Einfluss auszuüben.

Die nächsten Schritte

Lena stellte fest, dass sie ihre Fähigkeiten und Erfahrungen aus der Zeit in der neuen Stadt nutzen konnte, um neue Ansätze und Ideen in ihre Arbeit bei „Zukunft gestalten" einzubringen. Sie begann, ihre Visionen für die Zukunft zu konkretisieren und entwickelte einen Plan für die nächsten Schritte ihrer beruflichen Reise.

Mit dem Wissen und den Erfahrungen, die sie in den letzten Monaten gesammelt hatte, war Lena bereit, sich neuen Herausforderungen zu stellen und ihre Projekte weiter voranzutreiben. Sie freute sich darauf, ihre Arbeit fortzusetzen und neue Möglichkeiten zu erkunden, um einen noch größeren Einfluss auf die Organisation und die Gesellschaft zu haben.

Kapitel 6: Der Neuanfang

Die Integration in die alte Heimat

Die Integration in ihre alte Heimat stellte Lena vor neue Herausforderungen. Trotz ihrer Rückkehr und der vertrauten Umgebung musste sie sich an die veränderten Bedingungen und die neuen Gegebenheiten anpassen. Lena begann, sich intensiver mit den aktuellen Entwicklungen bei „Zukunft gestalten" auseinanderzusetzen und die Bedürfnisse der Organisation besser zu verstehen.

Die Gespräche mit den Kollegen und der Führungsebene halfen ihr, sich ein Bild von den aktuellen Herausforderungen und Projekten zu machen. Lena erkannte, dass es wichtig war, ihre Erfahrungen und Ideen einzubringen, um neue Impulse für die Organisation zu setzen.

Die neuen Projekte

Lena begann, an neuen Projekten zu arbeiten, die auf den Erfahrungen und Erkenntnissen basierten, die sie in der neuen Stadt gesammelt hatte. Sie entwickelte Konzepte für Programme und Initiativen, die darauf abzielten, die Arbeit von „Zukunft gestalten" zu erweitern und zu verbessern.

Ein besonderes Projekt, das Lena in Angriff nahm, war die Einführung eines Mentoring-Programms, das Frauen in schwierigen Lebenssituationen unterstützen sollte. Sie arbeitete an einem detaillierten Plan und suchte nach Partnern und Unterstützern, um das Programm erfolgreich umzusetzen.

Die Unterstützung der Kollegen

Die Unterstützung ihrer Kollegen war ein wichtiger Faktor für den Erfolg ihrer neuen Projekte. Lena arbeitete eng mit ihrem Team zusammen, um die verschiedenen Initiativen zu entwickeln und umzusetzen. Die Zusammenarbeit war intensiv, aber auch sehr produktiv, und Lena konnte auf die Expertise und das Engagement ihrer Kollegen zählen.

Besonders wertvoll war die Unterstützung, die sie von ehemaligen Kolleginnen und Kollegen erhielt, die sie während ihrer Zeit in der neuen Stadt kennengelernt hatte. Diese Verbindungen erwiesen sich als hilfreich, da sie neue Perspektiven und Ideen in die Arbeit bei „Zukunft gestalten" einbrachten.

Die ersten Erfolge

Mit den neuen Projekten und Initiativen erzielte Lena erste Erfolge. Die Rückmeldungen von den Teilnehmerinnen und den Partnern waren überwiegend positiv, und Lena konnte sehen, dass ihre Arbeit einen positiven Einfluss hatte. Die neuen Programme und Angebote wurden gut angenommen und trugen zur Weiterentwicklung der Organisation bei.

Lena fühlte sich bestärkt und motiviert durch die Erfolge, die sie erzielte. Sie erkannte, dass ihre Arbeit einen bedeutenden Unterschied machte und dass sie auf dem richtigen Weg war, um ihre Ziele zu erreichen.

Die langfristigen Ziele

Mit den ersten Erfolgen im Rücken begann Lena, sich intensiver mit ihren langfristigen Zielen auseinanderzusetzen. Sie entwickelte eine Vision für die zukünftige Entwicklung von „Zukunft gestalten" und setzte sich ambitionierte Ziele, um die Organisation weiter voranzubringen.

Lena plante, weitere Projekte und Initiativen zu entwickeln und neue Wege zu finden, um die Arbeit von „Zukunft gestalten" zu erweitern. Sie wusste, dass es wichtig war, kontinuierlich an der Weiterentwicklung der Organisation zu arbeiten, um einen nachhaltigen und positiven Einfluss auf die Gesellschaft auszuüben.

Der Ausblick auf die Zukunft

Mit den Fortschritten, die sie gemacht hatte, und den neuen Projekten, die in der Pipeline waren, blickte Lena optimistisch in die Zukunft. Sie war sich bewusst, dass noch viele Herausforderungen auf sie warteten, aber sie war bereit, sich diesen zu stellen und weiterhin hart für ihre Ziele zu arbeiten.

Lena freute sich darauf, ihre Arbeit fortzusetzen und neue Möglichkeiten zu erkunden. Sie war fest entschlossen, ihren Beitrag zu leisten und positive Veränderungen in der Gesellschaft zu bewirken. Die Erfahrungen, die sie gemacht hatte, und die Unterstützung, die sie erhalten hatte, gaben ihr die Zuversicht und die Energie, um ihre Visionen weiterzuverfolgen und erfolgreich umzusetzen.

Kapitel 7: Neue Herausforderungen

Die anstehenden Herausforderungen

Als Lena ihre neuen Projekte bei „Zukunft gestalten" vorantrieb, stellte sie fest, dass sich neue Herausforderungen ergaben. Die Organisation war auf einem Wachstumskurs, und es gab viele neue Aspekte, die berücksichtigt werden mussten. Lena musste sich auf verschiedene Bereiche konzentrieren, darunter Ressourcenmanagement, Teamkoordination und die Sicherstellung der Qualität der angebotenen Programme.

Eine der größten Herausforderungen bestand darin, die Balance zwischen der Expansion der Organisation und der Aufrechterhaltung der hohen Qualität der Programme zu finden. Lena musste sicherstellen, dass alle neuen Projekte und Initiativen den gleichen Standards entsprachen wie die bestehenden Angebote. Dies erforderte sorgfältige Planung und Koordination mit den verschiedenen Teams innerhalb der Organisation.

Der Ausbau der Netzwerke

Um den Herausforderungen zu begegnen, konzentrierte sich Lena darauf, ihre Netzwerke weiter auszubauen. Sie suchte nach neuen Partnerschaften und Kooperationen, die der Organisation zusätzliche Ressourcen und Unterstützung bieten konnten. Lena besuchte verschiedene Veranstaltungen und Konferenzen, um Kontakte zu knüpfen und potenzielle Partner zu treffen.

Die Netzwerkarbeit erwies sich als sehr hilfreich, da Lena wertvolle Verbindungen zu anderen Organisationen und Unternehmen herstellen konnte. Diese Partnerschaften trugen dazu bei, neue Möglichkeiten für die Organisation zu erschließen und zusätzliche Unterstützung für die Projekte zu erhalten.

Die Teamführung

Ein weiterer wichtiger Aspekt war die Führung des Teams. Lena erkannte, dass es entscheidend war, ein motiviertes und engagiertes Team zu haben, um die Ziele der Organisation zu erreichen. Sie arbeitete intensiv daran, ein positives Arbeitsumfeld zu schaffen und sicherzustellen, dass die Teammitglieder ihre Aufgaben effektiv erfüllten.

Lena setzte sich regelmäßig mit ihrem Team zusammen, um die Fortschritte zu besprechen und eventuelle Herausforderungen zu identifizieren. Sie förderte eine offene Kommunikation und stellte sicher, dass alle Mitarbeiter die Unterstützung erhielten, die sie benötigten, um ihre Aufgaben erfolgreich zu bewältigen.

Die Verbesserung der Programme

Ein wichtiger Bestandteil von Lenas Arbeit war die kontinuierliche Verbesserung der Programme. Sie analysierte die Rückmeldungen von den Teilnehmerinnen und suchte nach Möglichkeiten, die Angebote weiterzuentwickeln. Lena organisierte Workshops und Schulungen, um sicherzustellen, dass die Programme den aktuellen Bedürfnissen der Zielgruppe entsprachen.

Die Verbesserung der Programme war ein fortlaufender Prozess, und Lena war stets auf der Suche nach neuen Ideen und Ansätzen, um die

Qualität der Angebote zu steigern. Sie arbeitete eng mit den Programmdurchführenden zusammen, um sicherzustellen, dass die Programme den höchsten Standards entsprachen.

Die Suche nach Finanzierung

Die Sicherstellung der finanziellen Mittel für die Projekte war eine weitere Herausforderung, die Lena bewältigen musste. Sie suchte nach neuen Möglichkeiten zur Mittelbeschaffung und entwickelte Strategien, um zusätzliche Gelder zu akquirieren. Lena recherchierte verschiedene Fördermöglichkeiten und stellte Anträge bei Stiftungen und Förderorganisationen.

Zusätzlich organisierte sie Fundraising-Veranstaltungen und suchte nach Sponsoren, die bereit waren, die Arbeit der Organisation zu unterstützen. Die Finanzierung war ein kontinuierlicher Prozess, und Lena musste sicherstellen, dass die Organisation über die notwendigen Mittel verfügte, um ihre Projekte erfolgreich umzusetzen.

Die persönliche Entwicklung

Trotz der Herausforderungen, die mit ihrer Arbeit verbunden waren, fand Lena auch Zeit für ihre persönliche Entwicklung. Sie nutzte die Gelegenheit, an Fortbildungen und Schulungen teilzunehmen, um ihre Fähigkeiten weiter auszubauen und sich neue Kenntnisse anzueignen. Lena wusste, dass ihre persönliche Weiterentwicklung ein wichtiger Bestandteil ihrer beruflichen Erfolgsgeschichte war.

Die persönlichen und beruflichen Erfahrungen, die Lena sammelte, trugen dazu bei, dass sie sich kontinuierlich weiterentwickelte und neue Perspektiven gewann. Lena erkannte, dass ihre berufliche und persönliche Entwicklung eng miteinander verbunden waren und dass es wichtig war, sich in beiden Bereichen stetig weiterzuentwickeln.

Der Ausblick auf die kommenden Monate

Mit den anstehenden Herausforderungen und den laufenden Projekten war Lena optimistisch, was die kommenden Monate betraf. Sie wusste, dass es noch viele Herausforderungen zu bewältigen gab, aber sie war bereit, sich diesen zu stellen und weiterhin hart für ihre Ziele zu arbeiten.

Lena freute sich darauf, ihre Arbeit fortzusetzen und neue Möglichkeiten zu erkunden. Die Erfahrungen und Erkenntnisse, die sie in der Vergangenheit gesammelt hatte, gaben ihr die Zuversicht und die Energie, um die kommenden Aufgaben erfolgreich zu bewältigen und ihre Visionen weiterzuverfolgen.

Kapitel 8: Der große Schritt

Die Entscheidung zur Umstrukturierung

Mit dem kontinuierlichen Wachstum und den neuen Herausforderungen, die Lena bei „Zukunft gestalten" erlebte, kam sie zu dem Schluss, dass eine umfassende Umstrukturierung der Organisation notwendig war. Die bestehenden Strukturen und Prozesse hatten sich bewährt, aber um den zukünftigen Anforderungen gerecht zu werden und die Qualität der Programme aufrechtzuerhalten, war eine Überarbeitung erforderlich.

Lena begann, ein detailliertes Konzept für die Umstrukturierung zu entwickeln. Dabei berücksichtigte sie die Feedbacks von Mitarbeitern und Teilnehmern sowie die Erfahrungen aus der bisherigen Arbeit. Ziel war es, die Organisation flexibler und effizienter zu gestalten und sicherzustellen, dass alle Ressourcen optimal genutzt wurden.

Die Planung der Umstrukturierung

Die Planung der Umstrukturierung war ein komplexer Prozess, der viele verschiedene Aspekte umfasste. Lena arbeitete eng mit ihrem Führungsteam zusammen, um die verschiedenen Phasen der Umstrukturierung zu planen und die notwendigen Schritte festzulegen. Es wurden neue Rollen definiert, bestehende Prozesse überarbeitet und neue Teams gebildet.

Ein wichtiger Bestandteil der Planung war die Kommunikation der Veränderungen an alle Beteiligten. Lena organisierte Informationsveranstaltungen und Workshops, um den Mitarbeitern die Gründe für die Umstrukturierung zu erklären und sicherzustellen, dass alle auf dem gleichen Stand waren.

Die Umsetzung der Umstrukturierung

Die Umsetzung der Umstrukturierung verlief nach einem detaillierten Zeitplan. Lena und ihr Team arbeiteten hart daran, die verschiedenen Phasen der Umstrukturierung erfolgreich umzusetzen. Es wurden neue Arbeitsabläufe eingeführt, und die Mitarbeiter wurden in ihre neuen Rollen eingewiesen.

Während der Umsetzung der Umstrukturierung gab es einige Herausforderungen, aber Lena war entschlossen, diese zu bewältigen. Die offenen Kommunikationskanäle und die enge Zusammenarbeit innerhalb des Teams halfen dabei, die Schwierigkeiten zu überwinden und die Veränderungen erfolgreich umzusetzen.

Die ersten Ergebnisse

Nach Abschluss der Umstrukturierung begannen sich die ersten positiven Ergebnisse abzuzeichnen. Die neuen Strukturen und Prozesse trugen dazu bei, die Effizienz der Organisation zu steigern und die Qualität der Programme zu verbessern. Lena konnte sehen, dass die Veränderungen einen positiven Einfluss auf die Arbeit der Organisation hatten und dass die neuen Strukturen gut funktionierten.

Die positiven Rückmeldungen von Mitarbeitern und Teilnehmern bestätigten den Erfolg der Umstrukturierung. Lena freute sich über die

Fortschritte und sah die Veränderungen als einen wichtigen Schritt in der Weiterentwicklung der Organisation.

Die Weiterentwicklung der Projekte

Mit den neuen Strukturen und Prozessen begann Lena, sich auf die Weiterentwicklung der Projekte zu konzentrieren. Sie nutzte die gewonnenen Erkenntnisse, um bestehende Programme zu optimieren und neue Initiativen zu starten. Lena arbeitete daran, innovative Ansätze zu entwickeln und neue Ideen umzusetzen, um die Arbeit der Organisation weiter zu verbessern.

Die Weiterentwicklung der Projekte war ein kontinuierlicher Prozess, und Lena legte großen Wert darauf, die Qualität der Angebote konstant hoch zu halten. Sie setzte sich regelmäßig mit ihrem Team zusammen, um die Fortschritte zu besprechen und neue Ziele zu definieren.

Die neue Vision

Mit den erfolgreichen Veränderungen und der positiven Entwicklung der Organisation begann Lena, eine neue Vision für die Zukunft zu entwickeln. Sie plante, die Organisation weiter auszubauen und neue Möglichkeiten zu erkunden, um noch mehr Menschen zu unterstützen. Lena wusste, dass es wichtig war, sich kontinuierlich weiterzuentwickeln und neue Wege zu finden, um einen positiven Einfluss auszuüben.

Die neue Vision umfasste sowohl die Erweiterung der bestehenden Programme als auch die Entwicklung neuer Initiativen. Lena arbeitete an einem langfristigen Plan, der die zukünftige Ausrichtung der Organisation festlegte und die Ziele für die kommenden Jahre definierte.

Der Ausblick auf die Zukunft

Mit dem Abschluss der Umstrukturierung und den ersten positiven Ergebnissen blickte Lena optimistisch in die Zukunft. Sie war sich bewusst, dass es noch viele Herausforderungen zu bewältigen gab, aber sie war bereit, sich diesen zu stellen und weiterhin hart für ihre Ziele zu arbeiten.

Lena freute sich darauf, ihre Arbeit fortzusetzen und neue Möglichkeiten zu erkunden. Die Erfahrungen und Erfolge der vergangenen Monate gaben ihr die Zuversicht und die Energie, um ihre Visionen weiterzuverfolgen und einen nachhaltigen Beitrag zur Weiterentwicklung der Organisation zu leisten.

Kapitel 9: Die Konflikte

Die unerwarteten Schwierigkeiten
Als Lena in ihre alte Heimat zurückkehrte und ihre Projekte bei „Zukunft gestalten" weiterführte, wurde sie mit unerwarteten Konflikten konfrontiert. Die Umstrukturierung hatte nicht nur interne Herausforderungen mit sich gebracht, sondern auch die Beziehungen zu einigen langjährigen Partnern und Unterstützern belastet.

Ein entscheidendes Problem ergab sich aus den neuen Rollen und Aufgabenverteilungen innerhalb der Organisation. Einige Mitarbeiter fühlten sich durch die Änderungen benachteiligt oder in ihren bisherigen Aufgaben entmachtet. Diese Frustration führte zu Spannungen und Missverständnissen im Team, was die Zusammenarbeit erschwerte und die Effektivität der Projekte beeinträchtigte.

Die Reaktionen der Partner
Zusätzlich zur internen Unruhe erlebte Lena Schwierigkeiten mit einigen ihrer externen Partner. Die Umstrukturierung hatte die bisherigen Absprachen und Kooperationen verändert, und einige Partner waren unzufrieden mit den neuen Bedingungen. Diese Unzufriedenheit äußerte sich in kritischen Rückmeldungen und in einem Rückgang der Unterstützung für einige Projekte.

Lena versuchte, die bestehenden Probleme durch offene und konstruktive Gespräche zu lösen. Sie organisierte Treffen mit den betroffenen Partnern und erläuterte die Gründe für die Umstrukturierung sowie die Vorteile, die sich daraus ergeben sollten.

Trotz ihrer Bemühungen blieb der Dialog oft schwierig, und es war eine Herausforderung, die Partnerschaften aufrechtzuerhalten.

Die internen Spannungen

Innerhalb des Teams trugen die internen Spannungen zu einem angespannten Arbeitsumfeld bei. Lena musste sich intensiv mit den Sorgen und Bedenken ihrer Mitarbeiter auseinandersetzen. Sie organisierte Feedback-Runden und Einzelgespräche, um die Probleme zu verstehen und Lösungen zu finden.

Die Spannungen führten dazu, dass einige Mitarbeiter die Organisation verließen, was zusätzliche Belastungen für das verbleibende Team mit sich brachte. Lena arbeitete daran, die moralische Unterstützung und die Motivation der verbleibenden Mitarbeiter aufrechtzuerhalten, um die Kontinuität der Arbeit zu sichern.

Die Lösungsansätze
Um die Konflikte zu bewältigen, entwickelte Lena mehrere Lösungsansätze. Sie initiierte ein Programm zur Teamentwicklung, um die Zusammenarbeit und das Verständnis innerhalb des Teams zu fördern. Diese Workshops umfassten Teambuilding-Aktivitäten, Kommunikationstrainings und Konfliktlösungsstrategien.

Für die externen Partner versuchte Lena, durch transparente Kommunikation und gezielte Verhandlungen neue Vereinbarungen zu treffen, die den geänderten Bedingungen Rechnung trugen. Sie arbeitete eng mit den Partnern zusammen, um deren Bedenken auszuräumen und gemeinsame Lösungen zu finden.

Die Reflexion und Anpassung
Während der Auseinandersetzungen reflektierte Lena regelmäßig über die Herausforderungen und die geleistete Arbeit. Sie überprüfte die Umstrukturierung und die Auswirkungen auf die Organisation. Dies führte zu weiteren Anpassungen, um sicherzustellen, dass die Organisation wieder auf den richtigen Kurs gelangte.

Lena erkannte, dass einige der ursprünglich angestrebten Ziele möglicherweise überarbeitet werden mussten. Sie arbeitete daran, die Erwartungen sowohl intern als auch extern anzupassen und neue Strategien zu entwickeln, um die Organisation langfristig zu stabilisieren.

Der Ausblick
Trotz der Schwierigkeiten blieb Lena optimistisch. Sie wusste, dass die Bewältigung der Konflikte eine entscheidende Phase in der Entwicklung der Organisation war. Die geleistete Arbeit und die getroffenen Maßnahmen sollten langfristig dazu beitragen, dass „Zukunft gestalten" wieder stabiler und erfolgreicher wurde.

Lena war entschlossen, die Herausforderungen als Lernmöglichkeiten zu betrachten und weiterhin hart für die Ziele der Organisation zu arbeiten. Sie wusste, dass es wichtig war, aus den Schwierigkeiten gestärkt hervorzugehen und die Organisation für die

Zukunft besser aufzustellen.

Kapitel 10: Die Erfolge und Rückschläge

Die erste Bilanz

Nach mehreren Monaten harter Arbeit und der Bewältigung der internen und externen Konflikte begann Lena, die erste Bilanz zu ziehen. Sie führte eine umfassende Analyse der Fortschritte und Rückschläge durch, um die Auswirkungen der Umstrukturierung und der neuen Projekte zu bewerten.

Die Bilanz zeigte sowohl Erfolge als auch Herausforderungen. Einige der neu eingeführten Programme waren sehr erfolgreich und hatten positive Rückmeldungen von den Teilnehmern erhalten. Die neuen Strukturen und Prozesse trugen zur Effizienzsteigerung bei und verbesserten die Qualität der Arbeit in bestimmten Bereichen.

Jedoch wurden auch einige Rückschläge deutlich. Die internen Spannungen und die Probleme mit den Partnern hatten ihre Spuren hinterlassen. Lena musste realisieren, dass die Umsetzung der Umstrukturierung nicht reibungslos verlaufen war und dass weitere Anpassungen erforderlich waren.

Die Erfolge feiern

Trotz der Rückschläge fand Lena Gründe zum Feiern. Die positiven Rückmeldungen von den Teilnehmerinnen der neuen Programme waren ermutigend. Viele Frauen berichteten von bedeutenden Verbesserungen in ihrem Leben durch die Unterstützung, die sie erhalten hatten.

Lena organisierte eine Feier, um die Erfolge der Organisation zu würdigen. Diese Veranstaltung war nicht nur eine Gelegenheit, die Errungenschaften zu feiern, sondern auch ein Moment, um das Team und die Unterstützer zu ehren. Die positive Atmosphäre der Feier half, die Moral des Teams zu stärken und den Zusammenhalt zu fördern.

Die strategische Neuausrichtung

Auf Grundlage der Bilanz und der gesammelten Erfahrungen entschloss sich Lena, eine strategische Neuausrichtung vorzunehmen. Sie überprüfte die bestehenden Projekte und Programme und entschied, welche Bereiche weitergeführt und welche angepasst oder eingestellt werden sollten.

Ein wesentlicher Bestandteil der Neuausrichtung war die Fokussierung auf die Kernziele der Organisation. Lena legte großen Wert darauf, die Ressourcen gezielt einzusetzen und sicherzustellen, dass alle Projekte den zentralen Visionen der Organisation entsprachen.

Die Implementierung der Änderungen

Die Implementierung der strategischen Neuausrichtung erforderte sorgfältige Planung und Koordination. Lena arbeitete eng mit ihrem Team zusammen, um die erforderlichen Änderungen vorzunehmen. Sie passte die Arbeitsabläufe an, optimierte die Ressourcennutzung und aktualisierte die Projektziele.

Die Änderungen wurden schrittweise umgesetzt, um einen reibungslosen Übergang zu gewährleisten. Lena und ihr Team überwachten den Fortschritt der Implementierung genau und nahmen gegebenenfalls Anpassungen vor, um sicherzustellen, dass die neuen

Strategien erfolgreich umgesetzt wurden.

Der Umgang mit Rückschlägen

Trotz der Fortschritte waren Rückschläge unvermeidlich. Lena musste sich mit den Auswirkungen der Anpassungen und der Neuausrichtung auseinandersetzen. Einige der ursprünglichen Ziele waren schwieriger zu erreichen als erwartet, und es gab zusätzliche Herausforderungen bei der Anpassung an die veränderten Bedingungen.

Lena blieb jedoch entschlossen und betrachtete die Rückschläge als Teil des Lernprozesses. Sie nutzte die Gelegenheit, um aus den Erfahrungen zu lernen und die Organisation weiterzuentwickeln. Lena wusste, dass Rückschläge Teil des Weges zum langfristigen Erfolg waren und dass es wichtig war, resilient zu bleiben.

Die zukünftige Ausrichtung

Mit den implementierten Änderungen und den gewonnenen Erkenntnissen begann Lena, die zukünftige Ausrichtung der Organisation zu planen. Sie entwickelte neue Strategien und Initiativen, die darauf abzielten, die Stärken der Organisation weiter auszubauen und die Schwächen zu beheben.

Lena war entschlossen, die Organisation auf einen erfolgreichen Kurs zu bringen und sicherzustellen, dass sie ihren positiven Einfluss auf die Gesellschaft weiterhin ausüben konnte. Sie blickte optimistisch in die Zukunft und war bereit, die kommenden Herausforderungen anzunehmen und die Organisation weiter voranzutreiben.

Kapitel 11: Der große Schritt nach vorne

Die neue Vision für die Organisation

Mit den umgesetzten Änderungen und der Neuausrichtung begann Lena, eine neue Vision für die Zukunft der Organisation zu entwickeln. Sie wollte „Zukunft gestalten" als führende Kraft im Bereich der Unterstützung für Frauen etablieren und innovative Projekte starten, die noch mehr positive Auswirkungen auf das Leben der Teilnehmerinnen haben sollten.

Die neue Vision umfasste die Entwicklung eines umfassenden Programms, das verschiedene Aspekte der Unterstützung integrierte, darunter Bildung, berufliche Weiterentwicklung und persönliche Stärkung. Lena plante, ein Netzwerk von Unterstützern und Partnern aufzubauen, um die Ressourcen und Möglichkeiten für das Programm zu erweitern.

Die Mobilisierung der Ressourcen

Um die neue Vision umzusetzen, musste Lena zusätzliche Ressourcen mobilisieren. Sie begann, neue Partnerschaften zu etablieren und bestehende Kontakte zu pflegen, um finanzielle Unterstützung und Sachspenden zu erhalten. Lena arbeitete daran, Fördermittel und Sponsoren zu gewinnen, die bereit waren, die neuen Projekte zu unterstützen.

Zusätzlich organisierte Lena eine Reihe von Fundraising-Veranstaltungen, um das benötigte Kapital zu beschaffen. Diese Veranstaltungen boten nicht nur eine Möglichkeit, finanzielle Mittel zu sammeln, sondern auch, die Aufmerksamkeit auf die Arbeit der Organisation zu lenken und neue Unterstützer zu gewinnen.

Die Entwicklung neuer Programme

Mit den gesicherten Ressourcen begann Lena, die neuen Programme zu entwickeln. Sie arbeitete an detaillierten Konzepten und Planungen für die verschiedenen Aspekte der Unterstützung, die sie bieten wollte. Lena stellte ein Team von Fachleuten zusammen, das ihr bei der Umsetzung der Programme half.

Die neuen Programme umfassten Workshops, Schulungen und Mentoring-Angebote, die speziell auf die Bedürfnisse der Frauen zugeschnitten waren. Lena legte großen Wert darauf, dass die Programme praxisorientiert und nachhaltig waren, um den Teilnehmerinnen langfristige Vorteile zu bieten.

Die Implementierung und der Erfolg

Die Implementierung der neuen Programme verlief erfolgreich. Die Teilnehmerinnen zeigten sich begeistert von den neuen Angeboten und berichteten von positiven Veränderungen in ihrem Leben. Lena erhielt zahlreiche Rückmeldungen, die bestätigten, dass die neuen Programme einen bedeutenden Unterschied machten.

Die Erfolge der neuen Programme trugen dazu bei, die Organisation weiter voranzubringen und die Vision von „Zukunft gestalten" zu verwirklichen. Lena war stolz auf die Fortschritte, die gemacht wurden, und freute sich über die positiven Ergebnisse, die durch die neuen Initiativen erzielt wurden.

Die fortlaufende Entwicklung

Lena wusste, dass der Erfolg der neuen Programme nur der Anfang war. Sie arbeitete kontinuierlich an der Weiterentwicklung und Verbesserung der Angebote, um sicherzustellen, dass sie den sich wandelnden Bedürfnissen der Teilnehmerinnen gerecht wurden.

Zusätzlich setzte Lena sich neue Ziele für die Zukunft und plante, die Organisation weiter auszubauen. Sie verfolgte innovative Ansätze und entwickelte neue Ideen, um „Zukunft gestalten" zu einer noch wirkungsvolleren Kraft für positive Veränderungen zu machen.

Der Blick in die Zukunft

Mit den erreichten Erfolgen und den positiven Rückmeldungen blickte Lena optimistisch in die Zukunft. Sie war sich der Herausforderungen bewusst, die noch vor ihr lagen, aber sie war fest entschlossen, weiterhin hart für ihre Ziele zu arbeiten und die Organisation weiterzuführen.

Lena freute sich darauf, die nächsten Schritte zu gehen und neue Möglichkeiten zu erkunden. Die Erfahrungen und Erfolge der vergangenen Monate gaben ihr die Zuversicht und die Motivation, die sie brauchte, um ihre Visionen weiterzuverfolgen und „Zukunft gestalten" zu einer noch größeren Erfolgsstory zu machen.

Kapitel 12: Ein neuer Anfang

Der letzte Schritt vor der nächsten Herausforderung
Mit der erfolgreichen Umsetzung der neuen Programme und der stabilen Positionierung der Organisation bereitete sich Lena auf den nächsten großen Schritt vor. Es war Zeit, die Fortschritte zu konsolidieren und sich auf die kommenden Herausforderungen vorzubereiten.

Lena führte ein umfassendes Review der bisherigen Arbeit durch und setzte sich mit ihrem Team zusammen, um die nächsten Ziele zu definieren. Sie wollte sicherstellen, dass die Organisation auf einem soliden Fundament stand und bereit war, sich neuen Möglichkeiten zu öffnen.

Die neue Strategie
Auf Basis der bisherigen Erfolge und der gesammelten Erfahrungen entwickelte Lena eine neue Strategie für die Zukunft. Diese Strategie umfasste die Weiterentwicklung bestehender Programme, die Einführung neuer Initiativen und die Stärkung der Partnerschaften.

Lena arbeitete daran, die Organisation noch flexibler und anpassungsfähiger zu gestalten. Sie setzte auf innovative Ansätze und moderne Technologien, um die Arbeit der Organisation effizienter und effektiver zu gestalten.

Die Vorbereitung auf neue Projekte
Mit der neuen Strategie im Rücken begann Lena, sich auf die Vorbereitung neuer Projekte zu konzentrieren. Sie entwickelte Konzepte

für innovative Programme und initiierte Pilotprojekte, um neue Ideen auszuprobieren und deren Potenzial zu evaluieren.

Die Vorbereitung auf die neuen Projekte erforderte eine gründliche Planung und Koordination. Lena stellte ein Team von Experten zusammen und arbeitete an den Details der neuen Initiativen, um sicherzustellen, dass sie den höchsten Standards entsprachen und erfolgreich umgesetzt werden konnten.

Die Reflexion über die bisherigen Erfolge

Während sie sich auf die neuen Projekte vorbereitete, nahm sich Lena Zeit, um über die bisherigen Erfolge und die Fortschritte der Organisation nachzudenken. Sie reflektierte über die Herausforderungen, die sie bewältigt hatte, und die Lektionen, die sie gelernt hatte.

Lena war stolz auf das, was sie erreicht hatte, und erkannte die Bedeutung der Erfahrungen, die sie gemacht hatte. Diese Reflexion half ihr, die Perspektiven zu erweitern und sich auf die kommenden Aufgaben vorzubereiten.

Die Stärkung des Teams

Ein wesentlicher Bestandteil der Vorbereitung auf die neuen Projekte war die Stärkung des Teams. Lena legte großen Wert darauf, die Teammitglieder zu motivieren und zu unterstützen. Sie organisierte Schulungen und Weiterbildungsmaßnahmen, um die Fähigkeiten und das Wissen des Teams weiter auszubauen.

Die Stärkung des Teams trug dazu bei, das Arbeitsumfeld zu verbessern und die Zusammenarbeit zu fördern. Lena wusste, dass ein engagiertes und gut ausgebildetes Team entscheidend für den Erfolg der neuen Projekte war.

Der Blick in die Zukunft

Mit der neuen Strategie und der Vorbereitung auf die kommenden Projekte blickte Lena voller Zuversicht in die Zukunft. Sie war sich der Herausforderungen bewusst, die noch vor ihr lagen, aber sie war bereit, sich diesen zu stellen und weiterhin hart für die Ziele der Organisation zu arbeiten.

Lena freute sich darauf, die nächsten Schritte zu gehen und die neuen Möglichkeiten zu erkunden. Die Erfahrungen und Erfolge der vergangenen Monate gaben ihr die Zuversicht und die Motivation, die sie benötigte, um ihre Visionen weiterzuverfolgen und „Zukunft gestalten" zu einer noch größeren Erfolgsstory zu machen.

Epilog: Der Weg zur Veränderung

Die Erfüllung der Vision

Als Lena auf die vergangenen Jahre zurückblickte, konnte sie mit Stolz auf die Entwicklungen und Erfolge von „Zukunft gestalten" zurückblicken. Die Organisation hatte sich von den anfänglichen Herausforderungen und Rückschlägen zu einer wichtigen Kraft für positive Veränderungen entwickelt. Lena hatte ihre Vision verwirklicht und einen bedeutenden Beitrag zur Unterstützung und Stärkung von Frauen geleistet.

Die Veränderungen, die Lena angestoßen hatte, hatten nicht nur die Organisation selbst beeinflusst, sondern auch das Leben vieler Menschen. Die positiven Rückmeldungen und die Erfolge der Programme bestätigten den Wert der Arbeit und die Bedeutung der Vision, die Lena verfolgt hatte.

Der Einfluss auf die Gemeinschaft

Der Einfluss von „Zukunft gestalten" erstreckte sich weit über die unmittelbare Umgebung hinaus. Die Organisation hatte sich als Vorbild für andere Initiativen etabliert und trug dazu bei, Bewusstsein für die Herausforderungen und Chancen von Frauen in verschiedenen Gesellschaftsschichten zu schaffen.

Die Partnerschaften und Netzwerke, die Lena aufgebaut hatte, trugen dazu bei, die Reichweite der Organisation zu erweitern und weitere positive Veränderungen zu ermöglichen. Der Erfolg von „Zukunft gestalten" inspirierte andere, ähnliche Projekte zu starten und sich für die Unterstützung von Frauen einzusetzen.

Die persönliche Reise

Für Lena war die Reise von „Zukunft gestalten" auch eine persönliche Reise des Wachstums und der Veränderung. Sie hatte sich nicht nur beruflich weiterentwickelt, sondern auch persönlich neue Erfahrungen und Erkenntnisse gewonnen. Die Herausforderungen und Erfolge hatten sie geformt und ihr eine tiefere Einsicht in die Werte und Ziele ihrer Arbeit gegeben.

Lena erkannte, dass die persönliche Entwicklung und die berufliche Erfüllung eng miteinander verbunden waren. Die Erfahrungen, die sie gemacht hatte, hatten sie stärker und entschlossener gemacht und ihr die Motivation gegeben, weiterhin an ihren Zielen festzuhalten.

Der Ausblick auf die Zukunft

Mit dem erfolgreichen Abschluss der ersten Phase von „Zukunft gestalten" blickte Lena auf die nächsten Schritte und die zukünftigen Möglichkeiten. Sie war entschlossen, die Organisation weiterhin zu unterstützen und neue Wege zu finden, um noch mehr positive Veränderungen zu bewirken.

Lena wusste, dass die Arbeit nie wirklich abgeschlossen war und dass es immer neue Herausforderungen und Chancen geben würde. Sie war bereit, sich diesen zu stellen und die Vision von „Zukunft gestalten" weiterzuführen, um die Welt zu einem besseren Ort für alle zu machen.

Das Vermächtnis

Das Vermächtnis von „Zukunft gestalten" war nicht nur die Organisation selbst, sondern auch die vielen Leben, die durch ihre Arbeit beeinflusst und verändert worden waren. Lena wusste, dass die positiven Auswirkungen ihrer Arbeit weitreichend und dauerhaft waren.

Der Erfolg von „Zukunft gestalten" war ein Zeugnis für die Kraft des Engagements, der Leidenschaft und der Entschlossenheit. Lena hatte bewiesen, dass es möglich war, durch harte Arbeit und Hingabe bedeutende Veränderungen zu bewirken und eine bessere Zukunft für viele Menschen zu schaffen.

Mit einem Gefühl der Erfüllung und der Zuversicht blickte Lena in die Zukunft. Sie war bereit, den nächsten großen Schritt zu gehen und weiterhin einen Unterschied zu machen, sowohl für die Organisation als auch für die Menschen, die sie unterstützte. Die Reise war noch lange nicht zu Ende, und Lena war bereit, sie mit neuer Energie und Entschlossenheit fortzusetzen.

- ENDE -

Wenn dir dieses Buch gefallen hat und du dadurch auch einen gewissen Mehrwert bekommen hast, würde ich mich sehr freuen, wenn du meine Arbeit unterstützen würdest.

Dies geht ganz einfach, indem du eine kurze, positive Rezension/Bewertung über das Buch in Amazon verfasst und mir 5 Sternchen schenkst :) .

Herzlichen Dank und alles Gute wünscht dir,
   LucieArt

1. Auflage 2024
Copyright © LucieArt
Webseite lucieart.jimdo.com
Hol' dir mein Geschenk für dich - völlig kostenlos->
31 Möglichkeiten, dich selbst zum LÄCHELN zu bringen (in englischer Sprache)
-> www.lnk.bio/LucieArt
Hier findest du auch weitere e-books und Online-Kurse von mir.
Alle weiteren Bücher (Hardcover, Taschenbücher und E-Books) von LucieArt:
https://www.amazon.com/stores/author/B0D733K8N6/allbooks
Mehr Informationen sowie
- spannende Blogartikel
- kostenlose Meditationen
- eine Yoga Nidra Einheit zum
Einschlafen- Schlafmeditation
- von mir selbst gestaltete Motivationskartensets
- & einen tollen Shop mit handgefertigtem Schmuck mit ausgesuchten Edelsteinen findest du unter www.lucieart.jimdo.com[1].

Des Weiteren findest du in meinem Fotos-Shop schöne Kunstdrucke, Leinwanddrucke, Gallery Prints, Poster, sowie Grußkarten mit wunderschönen Fotografien und Impressionen aus der Natur unter
www.artflakes.com/de/shop/lucieart
Folge auch gerne meinen YouTube Kanälen:
www.youtube.com/@Music-for-your-soul-now
www.youtube.com/@LucieArt1
www.youtube.com/@Master-your-mind-now[2]

Wie du siehst gibt es noch einiges zu entdecken, also fühl' dich frei und lass dich am besten gleich weiter inspirieren...

Impressum
Lucie Butzbach
Friedenstraße 29
89231 Neu-Ulm
Web: lucieart.jimdo.com

Die in diesem Buch enthaltenen Informationen sind sorgfältig recherchiert, es wird jedoch keine Gewähr für die Vollständigkeit und Richtigkeit übernommen. Die

---

1. http://www.lucieart.jimdo.com
2. http://www.youtube.com/@Master-your-mind-now

Haftung der Verfasserin für Personen-, Sach- und Vermögensschäden ist ausgeschlossen!

Hier gibt es noch weitere Bücher, Kurse sowie eine Hördatei von LucieArt, erhältlich in Amazon https://amzn.to/4cx0wyI oder unter https://lnk.bio/LucieArt

Yoga Nidra Schlafmeditation zum Anhören als Download.
Entspannendes Yoga Nidra zum Einschlafen.
Diese geführte Einheit Yoga Nidra bringt Dich zurück in Deinen Körper. Die ruhige und ausgleichende Stimme von LucieArt trägt Dich durch eine transformierende Einheit des "Schlaf-Yogas". Am Ende findest Du tiefenentspannt in einen erholsamen Schlaf.
Mit dem Kauf dieser Einheit erhältst Du die Yoga Nidra Schlafmeditation zum Download und kannst sie egal wo und egal wann und so oft Du möchtest durchführen, auch offline, wenn Du mal kein Internet zur Verfügung haben solltest.
42 Minuten Tiefenentspannung für einen erholsamen Schlaf.
Yoga Nidra ist eine Yoga-Technik, mit der tiefere Bewusstseinsschichten erreicht werden sollen. Durch völlige Tiefenentspannung bei klarem Bewusstsein soll ein psychischer Schlaf erreicht werden.

Herzschlag der Nacht: Eine Liebe, die Grenzen überwindet
„Eine Liebe, die die Dunkelheit besiegt und das Licht der Hoffnung entfesselt"

Tauche ein in **„Herzschlag der Nacht: Eine Liebe, die Grenzen überwindet"**, ein packender historischer Thriller, der dich von den mysteriösen Gassen von Paris bis zu den geheimnisvollen Ruinen Ägyptens führt. Erlebe ein atemberaubendes Abenteuer voller Spannung, Romantik und Geheimnisse, das dein Herz höherschlagen lässt und deine Seele fesselt.

Adrian, ein entschlossener Ermittler mit einem geheimnisvollen Vergangenheitsgeheimnis, und Emma, eine brillante Historikerin, die tief in die alten Legenden und Mythen eingetaucht ist, finden sich in einem Wettlauf gegen die Zeit wieder. Gemeinsam decken sie eine jahrhundertealte Verschwörung auf und kämpfen gegen einen finsteren Orden, der die Welt ins Chaos stürzen will.

Was erwartet dich in diesem epischen Abenteuer?

- **Fesselnde Spannung und Nervenkitzel:** Ein mitreißender Thriller voller überraschender Wendungen und packender Action.
- **Herzzerreißende Romantik:** Eine bewegende Liebesgeschichte, die sich durch Mut, Gefahr und Abenteuer entfaltet.
- **Historische Entdeckungen:** Erlebe historische Abenteuer in der faszinierenden Welt von Paris und Ägypten.
- **Geheimnisse und Verschwörungen:** Ein tiefgründiges Mysterium, das dich in eine Welt voller dunkler Geheimnisse und geheimer Orden entführt.
- **Epische Kämpfe für das Gute:** Ein inspirierender Kampf gegen das Böse, bei dem Freundschaft, Loyalität und wahre Liebe auf die ultimative Probe gestellt werden.

„Herzschlag der Nacht" ist das perfekte Buch für Liebhaber von historischen Thrillern, spannenden Abenteuerromanen und romantischen Geschichten mit einer tiefgründigen Handlung. Begleite Adrian und Emma auf ihrer Reise durch eine Welt voller Gefahren und entdecke, wie Liebe selbst die dunkelsten Zeiten erhellen kann.

Bereite dich auf ein unvergessliches Leseerlebnis vor, das dich bis zur letzten Seite fesseln wird!

**Der Zeitflüsterer:
Die mysteriöse Reise eines Mannes, der die Zeit selbst beeinflussen kann**

Erlebe den Nervenkitzel von „Der Zeitflüsterer: Die mysteriöse Reise eines Mannes, der die Zeit selbst beeinflussen kann" – ein fesselnder Thriller, der dich auf eine packende Reise durch Raum und Zeit mitnimmt.

Alexander, ein scheinbar gewöhnlicher Mann, entdeckt plötzlich, dass er die Fähigkeit besitzt, die Zeit zu beeinflussen. Was als geheimnisvolle Gabe beginnt, entfaltet sich schnell zu einem verzwickten Netz aus Verschwörungen, Gefahren und ungelösten Rätseln. Als Alexander in die dunklen Geheimnisse der Zeitwächter eintaucht, wird er in einen erbitterten Kampf gegen skrupellose Kräfte verwickelt, die die Weltordnung verändern wollen.

Von den geheimen Katakomben antiker Städte bis zu futuristischen Schauplätzen, jeder Schritt von Alexander enthüllt eine neue Dimension des Thrills. Während er versucht, die Vergangenheit zu bewahren und die Zukunft zu schützen, stehen ihm unerbittliche Feinde gegenüber, die nur ein Ziel verfolgen: den ultimativen Kontrollverlust über die Zeit.

„Der Zeitflüsterer" kombiniert packende Thriller-Elemente mit spannenden Zeitreise- und Verschwörungsthemen. Erlebe, wie Alexander gegen die Uhr kämpft, um die Welt vor einem epochalen Chaos zu bewahren. Ein absolutes Muss für Fans von actiongeladenen Thrillern, spannungsgeladenen Zeitreise-Geschichten und mysteriösen Verschwörungen.

Tauche ein in diesen mitreißenden Thriller und begleite Alexander auf seiner atemberaubenden Reise durch die Zeit!

Bist du bereit, die Reise deines Lebens anzutreten?

„Die Reise des Inneren Kriegers: Entfalte deine innere Stärke und finde deine Bestimmung" ist mehr als nur ein Buch – es ist dein persönlicher Begleiter auf dem Weg zu Selbstverwirklichung und innerer Erfüllung.

Erlebe die faszinierende Geschichte eines legendären Kriegers, der sich auf eine epische Reise begibt, um die Geheimnisse des Lebens zu entdecken und seine wahre Bestimmung zu finden. Durch packende Abenteuer und tiefgreifende Prüfungen lernst du die zeitlosen Prinzipien kennen, die ihn zu einem Symbol für Mut, Weisheit und inneres Wachstum machten.

Was dich erwartet:

- **Eine inspirierende Reise zur Selbstverwirklichung:** Begleite den Krieger auf seiner Suche nach Wahrheit und finde heraus, wie du durch Mut und Weisheit deine eigenen Lebensziele erreichen kannst.

- **Tiefgreifende Lebenslektionen:** Entdecke die Lehren der vier Elemente – Erde, Wasser, Feuer und Luft – und erfahre, wie du diese Prinzipien nutzen kannst, um persönliche Herausforderungen zu meistern.

- **Praktische Weisheiten für deinen Alltag:** Die Lektionen des Kriegers bieten dir konkrete

Anleitungen, wie du deine innere Stärke entfalten und deine persönliche Bestimmung finden kannst.

- **Ein Leitfaden für deine eigene Reise:** Nutze die Erfahrungen des Kriegers als Inspiration für deine eigene Suche nach Sinn und Erfüllung in deinem Leben.

Für wen ist dieses Buch?

„Die Reise des Inneren Kriegers" ist für jeden, der auf der Suche nach Inspiration und Motivation ist. Ob du dich in einer Phase der Veränderung befindest, nach innerer Klarheit strebst oder einfach neue Wege für persönliches Wachstum entdecken möchtest – dieses Buch ist der Schlüssel zu deiner eigenen Reise zur Selbstverwirklichung.

Beginne deine Reise noch heute. Entfalte deine innere Stärke. Finde deine Bestimmung.

Der Wind in ihrem Haar ist die bewegende Geschichte einer jungen Frau, die aus ihrer Komfortzone ausbricht, um die Welt zu entdecken und das wahre Glück zu finden.

Von den üppigen Regenwäldern Costa Ricas über die pulsierenden Rhythmen Brasiliens, den leidenschaftlichen Tango Argentiniens bis hin zu den stillen Weiten Norwegens - jede Etappe ihrer Reise ist ein weiterer Schritt auf dem Weg zu sich selbst.

In Chile trotzt sie den Herausforderungen der Wüste, während sie in Marokko die bunten Märkte und exotischen Gewürze genießt. Die spirituelle Tiefe Sri Lankas und die majestätischen Anden Perus führen sie schließlich zu einer Erkenntnis: Das wahre Glück liegt nicht in der Ferne, sondern tief in ihrem Inneren.

Begleite Marie auf dieser faszinierenden Reise voller Abenteuer, Begegnungen und Selbsterkenntnis. Eine Geschichte über Sehnsucht, Mut und die Freiheit, den eigenen Weg zu gehen.

Erlebe die Welt durch ihre Augen und spüre den Wind in DEINEM Haar...

Diese Bücherreihe besteht aus 3 Teilen - Teil 1 (als E-Book, in der gedruckten Version Teil 1.1 und Teil 1.2), Teil 2 und Teil 3. Die Teile können auch unabhängig voneinander gelesen werden, jedoch wird empfohlen, alle drei Teile zu lesen, fur ein besseres Leseerlebnis.

Complete online package: Pretend to be a Time Traveler
(in englischer Sprache)
-> https://patreon.com/LucieArt528

Connect with your audience by helping them to let go of the past and avoid worrying about the future. Meditating, mindfulness & present moment mindset are timely topics today!

Start an email series that addresses these topics. Challenge your list members to go for 5 days without rehashing the past or worrying about what is to come.

Check out these resources below for brandable, ready-made content you can use for this holiday...

HERE'S WHAT YOU GET (in English):
- 1 E- Book : Develop A Present Moment Mindset And Enjoy Your Life (37pages)
- 6 Affirmation Reflections
- 2 Action Guides, Coaching Handouts & Lead Magnets
- 5 Articles & Blog Posts
- 4 Worksheets
- 1 Checklists & 1 Report

—-> YOU CAN

Brand It As Your Own
Give It Away or Sell It
Repurpose into other formats
Keep 100% of the Profit.
No Attribution or Royalties
Use in Unlimited Projects

- E-Book: Develop A Present Moment Mindset And Enjoy Your Life (37pages)
- Affirmation Reflections

6 INCLUDED IN THIS BUNDLE

Help your clients find peace, joy, and happiness using the power of positive thoughts and words. These affirmations are perfect to post on social media, newsletters, and emails... but you can also record these reflections on your podcasts and videos or as a meditative audio program.

Topics Include:
Releasing The Past Helps Me Embrace The Present
I Release The Past
I Let Go Of The Past And Create The Future I Want
I Am Free From The Shackles Of My Past
I Make An Effort To Mend Relationships From My Past
Reflection Produces Growth

- Action Guides, Coaching Handouts & Lead Magnets

2 INCLUDED IN THIS BUNDLE

These coaching handouts make for great lead magnet, giveaways, or printables that you can offer to clients in your waiting room, in your emails, or on your site. They're short yet actionable, and professionally designed so you look great and stand out.

Topics Include:
25 Ways To Develop A Present Moment Mindset
10 Guidelines For Meditation Success
- Articles & Blog Posts
5 INCLUDED IN THIS BUNDLE

These coaching articles are perfect for your email newsletters, magazines, blog posts, or even posting on LinkedIn. Take it a step further by combining several articles into a report that you giveaway or sell as your own. You can even compile a couple dozen articles to create a solid foundation for your next coaching course.

Topics Include:
Are You Living In The Past
16 Practical Tips For Meditation Beginners
How To Detach From Past Negative Experiences
Leverage Your Past For Greater Success In Your Future
Top 10 Ways To Let Go Of Pain From Your Past
- Worksheets
4 INCLUDED IN THIS BUNDLE

These brandable coaching resources are a great way to get your audience to self-reflect and compose their thoughts. These worksheets are an excellent companion to your reports, courses, coaching sessions, and training programs since it helps to reinforce your core message. Give them away, add it to your members area, print them, or add it as a bonus to your products and offers.

Topics Include:
Reprogramming Your Subconscious Mind Worksheet
Develop A Present Moment Mindset And Enjoy Your Life Worksheet
Stop Living Life As A Victim Worksheet
Past Relationships Worksheet
- Checklists 1 INCLUDED IN THIS BUNDLE

Checklists are a fantastic add-on to your courses and products. Since they are short and skimmable, it's a great way to connect with your busy clients and reinforce the core lessons. You can also give these away as a lead magnet or add it to your membership site.

Topics Include: Stop Living Life As A Victim Checklist

63

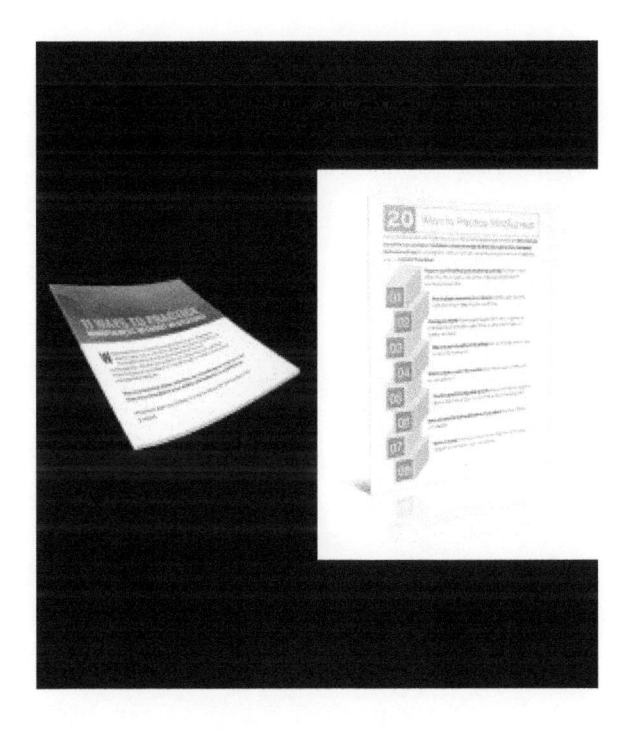

Complete online package: Pretend to be a Time Traveler
   (in englischer Sprache)

Also by LucieArt

Jenseits der Grenzen
Jenseits der Grenzen, Band 1: Kindheit und Tradition
Jenseits der Grenzen, Band 2: Flucht und Neuanfang
Jenseits der Grenzen, Band 3: Erfüllung und Einfluss

Standalone
Liebe in Zeiten der Algorithmen
Im Herzen der Wildnis: Eine Reise zu neuer Stärke
Die Kunst des Vermögensaufbaus
Die Schatten von Titan City
Die Entfesselten, Geheimnisse einer vergessenen Zivilisation